W0073428

Balsam für die Seele
Hoffnung

Norbert Lechleitner

BALSAM FÜR DIE SEELE

Überraschende Weisheitsgeschichten,
die Zuversicht schenken

HERDER

FREIBURG · BASEL · WIEN

Inhalt

Vorwort

Jeder Mensch hat eine Sehnsucht. Die stärkste Sehnsucht heißt Hoffnung. Denn solange der Mensch atmet, hofft er auch. Hoffnung ist die optimistische Lebenskraft, die mich antreibt etwas zum Positiven zu verändern. Tue ich etwas, das zum Guten führt, oder hoffe ich nur, dass sich etwas ändert? Wer nur abwartet, weil man ja doch nichts ändern könne, der soll sich an das kleine Steinchen erinnern, das eine Lawine auslösen kann. Jedem Problem wohnen viele verschiedene Aspekte inne. Betrachte ich diese genauer und fange mit einem „Steinchen" eine Veränderung an, dann kommt eine neue Entwicklung in Gang. Sie wird wohl nicht zur Lawine werden, aber jeder kleine Schritt führt weiter zur gewünschten Verbesserung der Situation. So brauche ich mich nicht zu ängstigen, weil ich weiß, dass sich

Probleme verändern lassen. Ich muss nur mit einem „Steinchen" anfangen. Unveränderlich sind nur Geburt, Tod und Vergangenheit. Die Zukunft aber beginnt schon im nächsten Augenblick. Und darum befrage ich meine Sehnsucht und lasse mich von ihr leiten. Natürlich bleibt immer ein unkalkulierbarer Rest. Aber wenn ich mich auf meine Zukunft freue, freue ich mich auch auf das Unvorhersehbare. Wenn ich die Hoffnung aufgebe, verliere ich meinen Bezug zu meinem Leben, das dann flach und ohne Sinn sein wird. Die Hoffnung aber strebt zum Glück. Sie gibt mir innere Stärke, macht mich optimistisch, gibt mir Vertrauen in das gute Gelingen, schenkt mir Geduld und Ausdauer, hilft mir, wieder aufzustehen, wenn ich am Boden bin. Hoffnung wirkt in meinem Grundvertrauen zu mir selbst und zum Leben. Wenn ich den optimistischen Weg zum Glück gehe, werde ich innerlich stärker werden und meine Glück bringenden Möglichkeiten vervielfachen. Dann kann mich eigentlich nichts mehr umwerfen, denn ich weiß, wie es die Bantu sagen: Die Hoffnung ist der Anker der Welt.

Aus dieser Hoffnung zu leben wünscht Ihnen

Norbert Lechleitner

1. ... und auf Erden

Einst kam zum Meister einer, der ihn herausfordern wollte und fragte: „Wenn Gott oben im Himmel ist, warum beugt ihr euch beim Beten immer zur Erde? Das gibt doch keinen Sinn."

Der Meister sah den Herausforderer nur milde lächelnd an und sagte: „Ja, Gott ist im Himmel. Aber wo sind seine Füße? – Auf der Erde. Wenn du dich zur Erde beugst, berührst du seine Füße."

2. Zuversicht

Betrübt und niedergeschlagen saß eines Abends ein Schreiner in seiner Werkstatt. Da trat ein Freund herein, der auf seinem Weg noch Licht bei dem Schreiner gesehen hatte, und er fragte ihn nach der Ursache seines Kummers.

„Ach, ich weiß nicht mehr weiter. Der König hat mir befohlen, bis morgen früh tausend Säcke Sägemehl aus Hartholz für seine neue Reithalle abzuliefern. Sollte ich den Auftrag nicht erfüllen können, kostet es meinen Kopf. Nun habe ich tage- und nächtelang gesägt, doch erst sieben Säcke mit Sägemehl gefüllt. Wenn du in meiner Haut stecken würdest", sagte der Schreiner, „würdest du auch so empfinden."

Da schüttelte der Freund lächelnd den Kopf und sagte: „Sei frohen Mutes! Lass uns essen und trinken und fröhlich sein. Bis morgen früh ist es noch lange hin. Lass uns beten und bitten, Gott, der Allmächtige, wird uns schon helfen."

Nebenan in der Wohnstube des Schreiners hatten sie alle Mühe, die klagende Frau und die weinenden Kinder zu trösten und ihre Sorgen auf Gott zu lenken. Bald stand auf dem Tisch, was Küche und Speisekammer hergaben. Sie aßen, tranken, tanzten und sangen frohe Lieder. So feierten der Schreiner, seine Familie und sein Freund, als wenn ihre letzte Stunde geschlagen hätte und es für sie nie wieder Gelegenheit zum Feiern geben würde.

Als die Hähne krähten und die Sonne aufging, fielen alle in tiefes Schweigen, und große Angst erfasste sie. Kein Holz war gesägt, und nicht ein Pfund Sägemehl war bereitgestellt.

Da schlugen schon die Knechte des Königs an die Tür des Schreiners. Er meinte, dass seine letzte Stunde gekommen sei. Unter Tränen verabschiedete er sich von seiner Frau und seinen Kindern und dankte dem Freund für seinen Beistand.

Dann öffnete er seinem Schicksal ergeben die Haustür.

„Endlich, Schreiner, was brauchst du so lange? Mache dich bereit und schreinere den schönsten Sarg. Denn unser geliebter Herrscher ist heute Nacht gestorben!"

3. Untauglich

Ein Wanderer machte zur Mittagszeit Rast unter einem mächtigen Baum. Weit spannte sich seine riesige Krone, die so groß war, dass in ihrem Schatten eine ganze Gesellschaft hätte feiern können. „Das muss doch äußerst wertvolles Holz sein", dachte der Wanderer.

Als er jedoch nach oben schaute, entdeckte er, dass die Äste sehr knorrig waren. Als Bauholz waren sie völlig ungeeignet. Beim genauen Betrachten des Stammes bemerkte er so viele große Astlöcher, dass sich daraus kaum genügend glatte Bretter für einen Tischler gewinnen ließen.

Und die Wurzeln waren so arg gekrümmt, dass nicht einmal ein Kistenmacher Interesse an ihrem Holz gehabt hätte. Der Wanderer zerrieb auch eines seiner Blätter in der Hand, und ein unangenehmer Duft blieb an ihr haften.

„Das ist nun wirklich kein Baum, der brauchbares Holz liefert. Vielleicht hat ihn seine Größe unbrauchbar gemacht", dachte er.

Doch während er weiterwanderte, erinnerte ihn seine stinkende Hand wie ein letzter Gruß an den fernen Baum. Da überlegte er, ob nicht gerade seine Untauglichkeit den Baum so groß gemacht hatte, denn die nützlichen Bäume in der Umgebung waren längst gefällt. Und vollkommen unnütz ist dieser Baum ja auch nicht, dachte er, denn in seinem Schatten habe ich gut geruht.

4. Profit

*E*in Unternehmer sah einen Greis, der einen Baum pflanzte, und sprach ihn darauf an: „Wenn du in deinem Alter noch bauen würdest, könnte ich das verstehen. Auch, wenn du Gemüse anpflanzen würdest, wäre das einleuchtend. Aber warum pflanzt du einen Baum in deinen Jahren, da du doch keine Hoffnung haben kannst, die Ernte seiner Früchte zu erleben?"

„Nun, ich pflanze den Baum nicht für mich, obschon er mein eigener Baum ist. Ich pflanze für die Nachkommen, ebenso wie die Vorfahren auch für mich gepflanzt haben."

Da wurde der Unternehmer nachdenklich und bedankte sich für die kluge Antwort. Und der Alte erwiderte lächelnd: „Nun hat der Baum, der erst in zwanzig Jahren abgeerntet werden kann, jetzt schon Früchte getragen."

5. *Schutzwall*

Ein Bürgermeister schrieb an den Herrscher: „Die Stadtmauern sind verfallen. Es ist zu unserer Sicherheit dringend nötig, sie wieder aufzubauen und zu reparieren. Wie lauten deine Befehle?"

Der Herrscher schickte folgende Antwort: „Gib deiner Stadt eine Mauer aus Gerechtigkeit. Reinige ihre Straßen von Furcht und Bedrückung. Dann besteht kein Bedarf nach Mauern aus Granit."

6. Tod

Nach der Trauerfeier wandte sich die Witwe zum Meister: „Ich war bis zu seinem letzten Atemzug an der Seite meines Mannes. Ich habe ihn sterben sehen. Ich denke immer über diese letzte Stunde nach. Sage du mir, was im Augenblick des Todes geschieht."

„Alles loslassen, alles weggeben", sagte der Meister.

7. Ewiges Leben

"Sterben ist nichts anderes, als im Buch des Lebens eine neue Seite aufzuschlagen", sagte der Meister. „Die anderen meinen, es sei der Tod. Für die jedoch, die sterben, ist es das Leben.

Zu einem Weisen kam einmal ein Mann, der sagte, seit vielen Jahren denke er über das Sterben und den Tod nach. Auch habe er alle Bücher zu dem Thema gelesen und mit vielen Gelehrten darüber gesprochen. Doch noch immer habe er keine überzeugende Antwort auf seine Frage gefunden. Darum wolle er auch von ihm wissen: Was geschieht nach dem Tod?

Der Weise sah den Mann nur verwundert an und sagte: ‚Was fragst du mich? Frage das doch bitte jemanden, der sterben wird. Ich habe die Absicht, zu leben!'"

8. Einleuchtend

Ein Mann hatte für seinen Sohn per Katalog ein Fahrrad bestellt. Als das Rad bei ihm eintraf, musste er feststellen, dass noch einige Teile zu montieren waren, bevor das Fahrrad verkehrstüchtig war. Anhand der Gebrauchsanleitung hatte er alle Einzelteile einander zugeordnet auf dem Boden der Garage ausgelegt. Doch obwohl er die Anleitung mehrmals gründlich studiert hatte, wollte ihm die Montage nicht gelingen. Nachdenklich schaute er zu seinem Nachbarn hinüber, der auf dem Grundstück gegenüber seinen Rasenmäher reparierte. Er beschloss, den Nachbarn, der zweifellos handwerkliches Geschick besaß, um Hilfe zu bitten.

Der Nachbar schaute sich das ausgebreitete Fahrradzubehör kurz an und begann dann methodisch und geschickt, ein Teil nach dem

anderen zu montieren, ohne die Gebrauchsanleitung auch nur zur Hand genommen zu
haben. Nach kurzer Zeit waren alle Teile richtig angebracht.

„Wirklich erstaunlich!", sagte der Mann.
„Wie haben Sie das nur geschafft, ohne die Gebrauchsanleitung zu studieren?"

„Nun, es wissen nur ein paar Leute", sagte
etwas verlegen der Nachbar, „ich kann näm-
lich nicht lesen." Dann fügte er selbstbewusst
und verschmitzt lächelnd hinzu: „Und wenn
man nicht lesen kann, dann muss man denken
können."

9. Günstig

Ein reicher Händler wurde in seinem vierundachtzigsten Lebensjahr schwer krank. Zu seinem Arzt, der ihn gerade untersuchte, sagte er, dass es mit ihm wohl nun zu Ende gehe.

„Nun, so schlecht steht es nicht um Sie", sagte der Arzt zum Schluss seiner Untersuchung. „Ich meine, dass Sie noch hundert Jahre alt werden können, wenn der Herrgott es will!"

„Ach wo", meinte der Reiche mit abwehrender Geste. „Wenn der liebe Gott mich mit vierundachtzig haben kann, wird er mich doch nicht mit hundert nehmen wollen."

10. Dazugelernt

Von den vielen Schülern, die sich um den Meister scharten, wurde einer verdächtigt, ein Dieb zu sein. Man brachte die Anklage vor den Meister, doch er ging auf das Problem nicht ein.

Einige Zeit später wurde der Schüler beim Diebstahl erwischt. Jetzt war die Verdächtigung zum Tatbestand geworden. Die Schüler erwarteten, dass der Meister den Täter zur Rechenschaft ziehen werde. Doch wieder unternahm der Meister nichts in dieser Angelegenheit.

Da reichten die empörten Schüler eine Bittschrift beim Meister ein und ersuchten ihn, den Dieb endlich zu bestrafen, da sie sonst allesamt fortgehen würden.

Nun rief der Meister alle Schüler zu sich. „Ihr, die ihr euch empört und ein langes Gesuch eingereicht habt, seid kluge Schüler", sagte der Meister. „Denn ihr habt verstanden, was recht ist und was nicht recht ist. Geht ruhig fort, wenn ihr meint, dass es für euch hier nichts mehr zu lernen gibt. Niemand hält euch auf.

Doch dieser arme Mitschüler von euch kann nicht einmal zwischen Recht und Unrecht unterscheiden. Wer soll ihn unterweisen, wenn ich es nicht tue. Geht ihr nur fort, doch ihn werde ich in meiner Nähe behalten."

Tränen der Scham reinigten die Seele des Diebes, und Demut befriedete die Herzen der Empörten.

11. Falscher Stolz

Der Portier des vornehmsten Hotels der Stadt kam am Ende seines langen Arbeitstages nach Hause, als seine Frau ihm mitteilte, dass sie ihn verlassen werde. Äußerst betroffen fragte er sie nach dem plötzlichen Sinneswandel, da sie doch schon so viele Jahre glücklich zusammenlebten.

„Entsetzt bin ich", sagte die Frau, „denn heute habe ich dein anderes Gesicht gesehen. Zufällig ging ich heute an deinem Hotel vorbei, denn normalerweise komme ich ja nie in den vornehmen Stadtteil. Von der anderen Straßenseite sah ich, mit welcher Arroganz du in deiner goldbetressten Uniform einen Stadtstreicher davongejagt hast, wie du lästige Kinder verscheuchtest und wie untertänig und selbstgefällig du deinen Dienst verrichtet hast.

Mit einem solchen Mann will ich nicht länger zusammensein."

Still ging der Mann aus dem Zimmer. Von diesem Tag an änderte er sein Verhalten: Er wurde freundlich, zuverlässig und bescheiden.

12. Kreuzschmerzen

Eine alte Legende berichtet von einem Menschen, der ständig mit Gott haderte, weil der ihm ein so schweres Schicksal auferlegt hatte.

„Mein Kummer, meine Sorgen, meine Schmerzen, meine Trauer – das alles bedrückt mich so, das belastet mich so sehr, ich kann es nicht mehr ertragen", jammerte er immerzu. Sein Herz und sein Denken waren erfüllt von Klagen, und er flehte zu Gott, dass er ihm doch die Last ein wenig erleichtern möge.

Da erbarmte sich der Herr und führte ihn in einen riesigen Saal, in dem Kreuze ohne Zahl, in allen Größen und Ausführungen aufgestellt waren, eines für jeden Menschen.

„Suche dir eines aus, das dir angenehmer ist, und ich will es gerne tauschen.

Aber du hast nur einmal die Wahl", sprach der Herr, und der Mensch sah sich suchend um.

Gleich bemerkte er ein ziemlich kleines Kreuz, doch als er es aufheben wollte, konnte er es kaum bewegen, denn es war noch schwerer als Blei. Dann prüfte er ein langes und dünnes Kreuz, das war zwar leichter, doch er stieß überall an, und er fühlte sich gleich wie eingesperrt. Darum nahm er ein mittelgroßes Kreuz auf seine Schulter, welches zunächst ganz erträglich schien. Doch wie er es auch zurechtrückte, ständig bohrte sich ihm ein schmerzhafter Dorn in den Nacken. So probierte er, ein Kreuz nach dem anderen zu tragen, doch immer zeigten sich neue Unannehmlichkeiten.

Da nun nichts geeignet schien von all dem, was sich ihm auf den ersten Blick darbot, begann er, an den Rändern zu suchen. Und etwas verdeckt von anderen Kreuzen fand er eines, das ihm irgendwie zusagte. Er nahm es auf und war überrascht, dass es wie maßgeschneidert zu ihm passte: Es war nicht bleischwer, er stieß nirgends an, kein Dorn stach in seinen Nacken. Er spürte es schon, aber er war sich gewiss, es tragen zu können. Und als er es genau ansah und befühlte, stellte er fest, dass es sein eigenes war, sein Kreuz, das er bisher getragen hatte.

13. Tag für Tag

Der Meister hatte seine Schüler um sich versammelt und gab ihnen eine Aufgabe: „Ihr kennt alle die vergangenen hundert Tage. Jetzt sagt mir etwas über die kommenden hundert Tage."

Weil sich jedoch kein Schüler meldete, gab der Meister gleich selber die Antwort: „Tag für Tag. Das ist der gute Tag."

14. Unwesentlich

„Meister, wenn du mir nicht erklären kannst, ob die Welt ewig bestehen wird, woher ich gekommen bin und was mit mir nach dem Tode geschieht, dann sehe keinen Grund darin, noch länger dein Schüler zu sein", klagte ein Novize.

„Habe ich versprochen, dir Antworten auf diese Fragen zu geben, und hast du mir die Fragen bereits früher gestellt?"

„Nein, wir haben darüber noch nicht gesprochen", antwortete der Schüler. „Aber das ist es ja gerade: Wenn ich auf diese Fragen keine Antworten bekommen kann, dann nützt mir doch das ganze Studium nichts!"

„Nun, dann denke über das Gleichnis nach, das ich dir jetzt erzählen werde", empfahl der Meister. „Ein Mann wurde in einem Kampf von einem Pfeil schwer verletzt. Er kriecht in den Schatten eines Baumes, und als endlich der Arzt zu ihm kommt, sagt ihm der Verletzte: ‚Ziehe den Pfeil noch nicht heraus. Ich will erst herausfinden, wer auf mich geschossen hat, wo er stand, als er mich traf, welchen Bogen er benutzte und aus welchem Holz der Pfeil ist.‘ Wollte der Verletzte auf diese Antworten warten, würde er in der Zwischenzeit ganz sicher sterben.

Wenn du nun der Überzeugung bist, nicht länger mein Schüler sein zu können, bevor ich dir nicht alle Rätsel der Welt entschlüsselt habe, dann wirst du ganz sicher sterben, ohne dass deine Fragen beantwortet wurden.

Um dem Pfad der Wahrheit zu folgen, brauchst du diese Fragen und ihre Antworten nicht. Sie beenden dein Leiden nicht und weisen dich nicht zum Glück. Warum sich also mit ihnen plagen und den inneren Fortschritt behindern?"

15. Quelle

*T*homas, der Zweifler und Sucher, hatte einen Traum:

Der Engel Gabriel hielt ein Buch in der Hand, und Thomas fragte, was in dem Buch geschrieben stehe.

„In dieses Buch", sagte Gabriel, „schreibe ich die Namen der Freunde Gottes."

„Hast du auch meinen Namen schon aufgeschrieben?", fragte Thomas.

„Warum stellst du mir diese Frage? Du weißt doch, dass du kein Freund Gottes bist", entgegnete der Engel.

„Es stimmt schon, dass ich kein Gottesfreund bin", gestand Thomas. „Aber ich bin ein Freund der Freunde Gottes!"

Schweigend und nachdenklich schaute der Engel auf Thomas, und dann sagte er:

„Ich bin soeben angewiesen worden, deinen Namen hoch oben auf die Liste zu schreiben: Denn Hoffnung wird aus Hoffnungslosigkeit geboren."

16. Weiterleben

Zwei Jahre nach der Geburt ihrer Tochter hatte die junge Mutter Zwillingsbrüder empfangen, die in ihrem Schoß heranwuchsen. So, wie ihre Körper sich entwickelten, wuchs auch ihr Bewusstsein, und sie bemerkten einander. Lebensfreude erfüllte sie. „Ist es nicht wunderbar, dass wir beide leben? Uns geht es doch wirklich gut!", bestätigten sie einander.

Einige Zeit später entdeckten sie die Nabelschnur, die ihnen Nahrung gab, und sie priesen ihre Mutter, die ihr Leben mit ihnen teilte. „Wie groß muss ihre Liebe sein, dass wir an ihr teilhaben dürfen!", lobten sie einträchtig.

Die Wochen und Monate vergingen, und die beiden Brüder konnten nicht umhin festzustellen, wie sehr sie sich verändert hatten.

„Was soll das wohl bedeuten? Hast du eine Ahnung, was mit uns passiert?"

„Ich glaube, dass wir uns darauf einstellen müssen, diesen Ort zu verlassen", antwortete der Bruder.

„Nie und nimmer will ich die Geborgenheit dieser Welt verlassen", erwiderte der andere. „Wer weiß, was uns da draußen erwartet."

„Wir können nur hoffen, dass unser bisheriges Leben nicht sinnlos ist. Vielleicht gibt es ja ein Leben nach der Geburt."

„Wie soll das möglich sein? Bisher ist noch niemand hierher zurückgekommen und hat uns von einem Weiterleben jenseits von hier berichtet. Wir haben es hier so gut. Alles, was danach kommt, kann nur das Ende bedeuten."

„Nein, das kann ich nicht glauben. Wozu sollten wir begonnen haben zu leben, um mit der Geburt zu sterben? Warum sollte unsere Mutter uns nähren, wenn unser Leben sogleich vorbei sein soll? Dein Kummer hat dir dein Denken getrübt."

„Du tust, als ob du etwas wüsstest. Aber woher denn? Hast du unsere Mutter, die wir so nennen, schon einmal gesehen? Vielleicht gibt es sie gar nicht, und wir haben sie uns nur ausgedacht, damit wir erklären können, was mit uns geschieht."

So waren sie voller Fragen und Zweifel, Sorge und Zuversicht in den letzten Tagen in ihrer Höhle.

Und als die geboren wurden und in unsere Welt kamen, da schrien sie laut. Und sie erblickten das Licht.

17. Verstehen

Ein Schüler, der schon lange Jahre beim Meister studiert hatte, kam eines Tages zu ihm und bat um eine Unterredung.

„Meister, seit vielen Jahren studiere ich die heiligen Schriften, meditiere, faste und folge getreulich allen Euren Anweisungen. Doch habe ich das Gefühl, der Erleuchtung noch keinen Schritt nähergekommen zu sein."

„Buddhas Lehre dient den Menschen zur Erleuchtung", entgegnete der Meister. „Doch wenn du von einer der Methoden, sie zu erlangen, abhängig bist, dann bist du nichts als ein unwissender Wurm. Es gibt hunderttausend Bücher über den Buddhismus. Auch wenn du sie alle studieren solltest, deine wahre Natur jedoch nicht erkennst, dann wirst du nicht einmal meine Worte verstehen."

18. Betrachtungsweise

Der Meister besuchte eine Frau, die, weil sie niemals aufhörte zu klagen und zu weinen, im Dorf nur „Weinendes Weib" genannt wurde. Er fragte sie, was ihr denn so großen Kummer bereite, dass sie immerwährend weinen müsse.

„Ich habe zwei Töchter", erklärte sie schluchzend. „Ich liebe sie über alles. Die ältere stellt Regenschirme her und die jüngere Sandalen. Wenn aber die Sonne scheint, kann meine ältere Tochter keine Regenschirme verkaufen, und das deprimiert mich so sehr, dass ich weinen muss. Und wenn es regnet, kann meine jüngere Tochter keine Sandalen verkaufen, und das bringt mich zur Verzweiflung. Nie ist es richtig, immer nur Nachteile und Verluste. Darum haben meine Sorge und meine Klage kein Ende."

„Das Problem ist nicht das Problem. Dein Problem ist deine Betrachtungsweise", sagte darauf der Meister. „Wie wäre es, wenn du dich darüber freust, dass deine Tochter bei Sonnenschein Sandalen verkaufen kann, und du dich wiederum freust, dass deine andere Tochter bei Regen ihre Schirme verkauft. So hast du Grund, dich immer zu freuen."

Für die Nachbarn war es schon erstaunlich, welche Verwandlung sich allmählich vollzog. Bald nannten sie das „Weinende Weib" nur noch die „Lachende Lady".

19. Vorsätze

Der Meister befand sich mit zahlreichen Passagieren auf dem mehr als vollbesetzten Schiff. Niemand hatte mit einem Sturm gerechnet, der das Schiff in schwere Seenot brachte. Das Schiff schlingerte auf mächtigen Wellen und drohte, in kürzester Zeit zu sinken.

Die Passagiere lagen auf den Knien und flehten um Rettung. Sie gelobten, gute Taten zu verrichten, bereuten ihre Sünden, versprachen große Spenden, schworen Besserung ihres Lebenswandels — wenn sie nur gerettet würden.

Allein der Meister blieb gelassen. Er hatte sicheren Halt gefunden, und es schien fast, als genieße er den wilden Tanz. Als die Panik unter den Leuten am größten war, sprang er plötzlich auf, hob beschwichtigend die Arme und rief:

„Ruhe, Ruhe, ihr Leute! Versprecht nicht zu viel. Ihr könnt bleiben, wie ihr seid. Ich sehe Land!"

20. Elefantastisch

Der Meister begegnete einem Asketen, der sehr stolz war auf die Yoga-Kräfte, die er anzuwenden wusste. Dieser bat den Meister, ihm doch Gesellschaft zu leisten, und sie sprachen über die verschiedenen Wege, die sie beschritten, um zur Erleuchtung zu gelangen.

Ein Elefant kam vorbei, und der Meister fragte den Asketen: „Kannst du den Elefanten durch die Kraft deines Willens töten?"

„Natürlich kann ich das", sagte der Asket. Er hob die linke Hand, bewegte unhörbar die Lippen, der Elefant brüllte laut auf, stürzte nieder und starb.

„Ich bin sehr beeindruckt von der wunderbaren Kraft, die du erlangt hast", sagte der Meister. „Aber ich denke, wenn du die Macht zu töten hast, wirst du sicher auch die Kraft haben, den Elefanten wieder zum Leben zu erwecken."

„Aber selbstverständlich kann ich ihn auch wiederauferstehen lassen", sagte der Asket. Er hob die rechte Hand, murmelte geheimnisvolle Worte, und wirklich: Der Elefant wurde wieder lebendig. Er erhob sich noch etwas benommen, und dann trottete er davon.

Der Meister lobte die wunderbare Macht des Asketen. „Das ist wirklich einmalig. Ich habe noch nie jemanden erlebt, der kraft seines Willens einen Elefanten töten und wieder zum Leben erwecken kann. Doch verrate mir noch eines: Was hast du damit gewonnen? Bist du der Erleuchtung dadurch ein wenig nähergekommen?"

Mit dieser Frage verabschiedete sich der Meister von dem ins Nachdenken gekommenen Asketen.

21. Kein Neid

Der Meister sagte zu einem, der seinem Nachbarn den Erfolg und den Reichtum neidete:

„Der Neid macht dich nicht nur krank, er ist zudem vollkommen sinnlos, denn jeder Mensch ist entweder für das Paradies oder für die Hölle bestimmt. Kommt er in den Himmel, so wird er dort alles erhalten. Warum beneidest du ihn dann für das Wenige, was er hier auf Erden besitzt? Ist er aber für die Hölle bestimmt, so hast du erst recht keinen Grund, ihn um das zu beneiden, was er besitzt, bevor ihn sein schlimmes Ende ereilt!"

22. Verschwindend

Ein Reicher prahlt mit seinen Besitztümern und mit dem Luxus, mit dem er sich umgibt.

„Wenn du die Augen zumachst", sagt der Meister, „im Wachen oder im Schlafen, dann siehst du von deinem ganzen Besitz nichts mehr. Wie kannst du stolz auf einen Besitz sein, der verschwindet, sobald du die Augen schließt?"

23. Wirkung

Der Meister hielt einen Vortrag vor einer ausländischen Gesellschaft über die Kraft der Worte, die im Verständnis der Religionen von zentraler Bedeutung sind. Am Ende des Vortrages stellte er sich der Diskussion.

Nach einiger Zeit erhob ein Teilnehmer die Stimme und sagte: „Ich habe mir das jetzt alles geduldig angehört, und ich finde nur bestätigt, was ich auch vorher schon wusste: Ich habe noch nie so viel dummes Zeug in so kurzer Zeit gehört!" Damit stand er auf und wollte gehen.

„Und Sie sind der größte Dummkopf, den ich in meinem langen Leben gesehen habe", erklang die liebenswürdige Stimme des Meisters inmitten des peinlichen Schweigens.

Wie vom Donner gerührt blieb der Geschmähte stehen, und mit hochrotem Kopf

fauchte er: „Sie Scharlatan wagen es, mich, einen angesehenen Akademiker, einen Dummkopf zu nennen? Das wird nicht ohne Folgen
für Sie bleiben!"

„Nun, als Akademiker werden Sie einsehen
müssen, dass das Experiment gelungen ist:
Erst behaupten Sie, dass Worte keine Kraft haben. Doch kann Sie das Wort ‚Dummkopf‘
derart aus der Fassung bringen. Was meinen
Sie, welche Wirkkraft dann erst die Worte
‚Gott‘, ‚Wahrheit‘, ‚Liebe‘ bei denen haben, die
sie verstehen?"

24. Ruhe finden

„*I*ch bin immer so ruhelos. Ich kann mich nicht konzentrieren. Ständig gehen mir tausend Gedanken durch den Kopf, und ich komme gar nicht zur Ruhe", klagte ein Schüler und bat den Meister, ihm doch zu helfen.

„Es ist das Beste, wenn du deinen ruhelosen Geist zu mir bringst", empfahl der Meister.

Verwundert sagte der Schüler einige Zeit später: „Ich kann meinen Geist nicht finden."

„Dann ist dir ja schon geholfen", erwiderte der Meister.

25. Falsche Voraussetzungen

*E*in Schüler, der die Erleuchtung erlangen wollte, saß Tag für Tag in der Meditationsstellung und murmelte den heiligen Namen. Er war für niemanden ansprechbar und für nichts zu gebrauchen.

Eines Tages setzte sich sein Meister neben ihn und begann, den mächtigsten eisernen Stößel aus dem größten Mörser des Tempels an einem Stein zu reiben.

So ging es drei Tage lang: Der Schüler murmelte in Meditation, der Meister schliff den Stößel.

Am dritten Tag fragte der Schüler den Meister, was er denn da mache.

„Ich will aus dem Stößel eine Nadel schleifen", antwortete der Meister.

„Aber das ist doch unmöglich. Das ist doch der größte Mörserstößel, den ich je gesehen habe. Wie kommt es nur, dass Ihr glaubt, daraus eine Nadel schleifen zu können?"

„Warum soll ich nicht daran glauben", sagte der Meister. „Du glaubst ja auch, durch unaufhörliches Murmeln des heiligen Namens zur Erleuchtung gelangen zu können."

26. Andererseits

Ein Schüler beklagte sich beim Meister, dass er trotz des langen Studiums der Heiligen Schriften der Erleuchtung nicht nähergekommen sei.

Wortlos reichte der Meister ihm eine kostbare kleine Schatulle, und mit einem freundlichen Nicken forderte er den Schüler auf, das Kästchen zu öffnen. Der Schüler hob den Deckel an und fand eine kleine Tafel, auf der in schönster Schrift zu lesen stand: „Wende und lies!"

Verwundert drehte er die Tafel um und las. Auf der Tafel stand geschrieben: „Wenn du nicht einmal das übst, was du weißt, wie kannst du dann das suchen, was du nicht weißt?"

27. Sinnsuche

Der Meister sagt: „Ihr, die ihr nach Erleuchtung sucht, gleicht einem Kinde, das im Großstadtgewimmel seine Mutter verloren hat.

Gute Leute wenden sich ihm zu und fragen: ‚Wie heißt deine Mutter?'

Das Kind antwortet: ‚Das weiß ich nicht.'

‚Wo steht denn euer Haus?', fragen die Leute.

Das Kind antwortet: ‚Das weiß ich nicht.'

‚Wie heißt denn die Straße?', fragen die Leute.

Das Kind antwortet: ‚Auch das weiß ich nicht.'

‚Und was soll nun mit dir geschehen?', fragen die Leute.

‚Das weiß ich nicht', antwortet das Kind. ‚Ich weiß nur eines: Ich will zu meiner Mutter!'"

28. Schweigen

*D*er Meister sagt: „Oft habe ich bereut, dass ich geredet habe. Aber niemals brauchte ich zu bereuen, dass ich geschwiegen habe.

Eine der grundlegenden Wahrheiten besteht aus zehn Teilen. Einer davon ist: wenig reden. Die neun anderen sind: schweigen.

Um gelehrte Gespräche über Wissenschaft und Weisheit zu führen, braucht man viel Verstand. Unendlich viel Verstand aber braucht ein Gelehrter, der schweigen soll."

29. Gelassen

Ein islamischer Weiser kam nach langer Wanderung endlich an einen schattigen Platz, und er ruhte sich ganz entspannt unter dem weiten Schirm einer Zeder aus. Die Beine weit von sich gestreckt, die Arme unter dem Kopf verschränkt, so genoss er die Minuten der Entspannung und der Ruhe.

Doch die währte nicht lange. Ein frommer Mann kam des Weges, und der rief bei dem Anblick, der sich ihm dort im Schatten der Zeder bot, voll Entsetzen aus: „Was bist du nur für ein gottloser Mensch!"

Aus seiner Ruhe aufgeschreckt, entgegnete der Weise: „Was fällt dir ein, mich so wüst zu beschimpfen?

Aus welchem Grunde soll ich gottlos und unverschämt sein? Schließlich habe ich nichts anderes getan, als mich friedlich auszuruhen.

Also sage mir, was ich falsch gemacht haben soll."

„Du liegst äußerst frech und schamlos da, weil deine Füße nach Mekka zeigen, und du dadurch Allah beleidigst", belehrte ihn der fromme Mann.

Der Weise aber blieb ungerührt liegen und dachte gar nicht daran, seine erholsame Lage zu verändern. Einen Augenblick später sagte er: „Komm bitte näher, mein Freund. Fasse mich an den Füßen und drehe mich in die Richtung, in der Allah nicht ist."

30. Pragmatisch

Ein König suchte einen Verwalter für den Staatsschatz. Er beauftragte seinen Minister, ihm einen geeigneten Mann für dieses Amt vorzuschlagen.

Nach einigen Tagen berichtete der Minister, dass er den richtigen Mann gefunden habe, denn seine Tugenden seien über jeden Zweifel erhaben. Der König bat, ihm den Kandidaten vorzustellen.

„Junger Mann", sagte der König. „Stelle dir vor, du gehst durch die Straßen, und da findest du einen herrlichen Edelstein, der vor deinen Füßen funkelt. Wirst du ihn aufheben?"

„Aber nie und nimmer hebe ich etwas auf, das mir nicht gehört!", antwortete der Kandidat.

„Der Mann ist ungeeignet für das Amt", entschied der König.

Einige Zeit später stellte der Minister dem König einen neuen Kandidaten vor, und der König stellte zur Prüfung die gleiche Frage.

„Natürlich würde ich den Edelstein aufheben", sagte der Kandidat.

„Auch dieser Mann ist für das Amt nicht geeignet", urteilte der König.

Der Minister war sehr verzweifelt, denn er konnte nicht einschätzen, welche Maßstäbe der König für seine Beurteilung des Kandidaten anlegte. Nach einigen Tagen kam er in Begleitung eines jungen Mannes zum König, der ihm von erfahrenen und hochgeachteten Männern des Reiches empfohlen worden war.

„Wenn du durch die Straßen meines Reiches gehst und da einen Edelstein vor deinen Füßen liegen findest, wirst du ihn aufheben oder nicht?", fragte der König auch diesen Kandidaten.

„Ach, mein König", antwortete der junge Mann. „Erst einmal finden, dann werde ich schon wissen, was ich gerechterweise zu tun habe."

Da sagte der König: „Er ist der Verwalter, dem ich meine Schatzkammern anvertraue."

31. Wahrnehmung

In einem Gasthaus hatte der Wirt zwei junge Frauen zur Bedienung der Gäste angestellt. Zwar waren beide Serviererinnen etwa im gleichen Alter, doch hätte ihr Aussehen unterschiedlicher nicht sein können, denn die eine war von ausnehmender Schönheit, und die andere war ausgesprochen unattraktiv. Es fiel den Gästen auf, dass die anderen Angestellten sehr freundlich mit der Hässlichen umgingen und sehr mürrisch mit der Schönen.

Ein Gast, der hinter diesem rätselhaften Verhalten eine delikate Geschichte vermutete, fragte den Wirt, warum man die eine freundlich behandele und die andere verächtlich. Der Wirt erklärte: „Die Schöne weiß, dass sie schön ist – und darum sehen wir ihre Schönheit nicht. Die Hässliche weiß, dass sie hässlich ist – doch wir sehen ihre Hässlichkeit nicht."

32. Ausgeglichen

Zum Meister kam ein reicher Mann in sehr bedrückter Stimmung mit der Frage: „Stimmt das, was in den heiligen Büchern steht, dass der Mensch aus Staub ist und wieder zu Staub wird?"

„Nun, das braucht dich doch nicht zu bedrücken", antwortete der Meister. „Wärest du aus Gold und es stünde dir bevor, am Ende deiner Tage zu Staub zu werden, so hättest du vielleicht einen Grund zur Klage. Aber wenn du aus Staub bist und wieder Staub werden wirst, worüber beklagst du dich dann?"

33. Erhellend

Zum Meister kam ein alter Mann und bat ihn um Rat. „Ich bin schon fast siebzig Jahre alt und habe ein schweres Leben gehabt. Seit meiner Kindheit habe ich mich auf den Feldern geplagt. Aber nun sind auch meine Kinder versorgt, und mein ältester Wunsch bedrängt mich immer noch. Ich wollte seit jeher gerne studieren und schwierige Bücher lesen und verstehen. Doch nun fürchte ich, ist es dazu längst zu spät."

„Das Alter ist kein Grund, nicht zu studieren", antwortete der Meister. „Wenn es auch spät ist, dann zündest du eben eine Kerze an."

„Was soll der Spruch von der Kerze? Willst du dich über mich lustig machen?", fragte empört der alte Mann.

„Warum sollte ich alter Mann mich wohl über den ehrenwerten Wunsch eines anderen alten Mannes lustig machen wollen?", entgegnete der Meister. „Mir ist nur eingefallen, was ich einmal einen Weisen habe sagen hören: Er sagte, man könne das Lernen eines jungen Menschen vergleichen mit den Strahlen der Morgensonne, die das Dunkel der Unwissenheit allmählich verdrängen. Wenn der reifere, erwachsene Mensch sich im Studium befinde, leuchte ihm die helle Sonne der Mittagszeit. Wenn er aber an seinem Lebensabend die gelehrten Bücher studieren wolle, dann leuchte ihm ein Kerzenlicht. Das hat nun keine sehr weite Strahlkraft, aber es ist erhellend genug, um zu verhindern, dass man im Dunkeln blind umherstolpert."

34. Weg

Als man nach der Abendmeditation noch zusammensaß, sagte ein Schüler: „Meister, ich studiere und meditiere schon seit drei Jahren bei dir. Aber ich habe den Eindruck, der Erleuchtung keinen Schritt nähergekommen zu sein. Immer noch verstehe ich nicht alles, was du sagst. Manchmal irritieren mich deine Worte sehr."

„Deine große Chance", sagte der Meister.

35. Überfordert

Die Esel gingen zu Gott, um sich bei ihm darüber zu beklagen, dass die Menschen so grausam mit ihnen umgingen. „Du hast uns als starke, aber nicht als schnelle Tiere geschaffen. Wir haben einen kräftigen Rücken erhalten, damit wir schwere Lasten tragen können, unter denen jeder Mensch zusammenbrechen würde und wohl auch die meisten anderen Tiere. Doch die Menschen wollen uns nicht so akzeptieren, wie du uns geschaffen hast, denn sie wollen uns stark und schnell. Darum werden wir von ihnen unbarmherzig geprügelt, wenn wir nicht schnell genug sind, was uns durch die auferlegten Lasten aber unmöglich ist. Wir wollen ja gerne die Lasten tragen, aber geprügelt werden wollen wir nicht."

„Eure Klage ist berechtigt", sagte der Schöpfer. „Die Menschen zu ändern würde allerdings bedeuten, drastische Maßnahmen zu ergreifen, die ich lieber vermeiden möchte. Doch solange die Menschen der Ansicht sind, dass ihr faul seid, weil ihr langsam seid, so lange werden sie euch schlagen. Ich sehe, dass ihr euch in einer verzwickten Situation befindet. Ich will euch jedoch nicht einfach eurem Schicksal überlassen. Darum sollt ihr von nun an unempfindlich sein gegen ihre Schläge. Eure Haut soll sich verhärten, und der Arm des Menschen, der euch schlägt, soll ermatten."

Die Esel nahmen diese weise Entscheidung dankend an und beklagten sich nie wieder.

36. Nicht betroffen

Ein Passagierschiff fuhr aufs Meer hinaus. Es war schon einige Stunden unterwegs, als das Wetter sich verschlechterte und sich ein schlimmer Sturm erhob. Das Schiff wurde hin- und hergeworfen und rollte von der einen Seite auf die andere. Von mächtigen Wellen emporgehoben, sank es in tiefe Wellentäler.

Wellen schlugen über die Reling, und den Passagieren wurde es sehr elend. Kaum einer konnte sich auf den Beinen halten. Frauen fielen in Ohnmacht. Manch eine fing an zu weinen, doch ein Passagier begann laut zu jammern und zu wehklagen: „O Gott, das Schiff! Hilfe, das Schiff!"

Ein Mitreisender, der meinte, dass dieses Gezeter die Aufregung und Anspannung nur noch verschlimmerte, ging auf ihn zu, fasste ihn an die Schulter und rief: „Was machst du für ein Geschrei? Was soll das? Ist es denn dein Schiff?"

37. Vorausschauend

*E*in Mann, der durch seine erfolgreiche Arbeit zu viel Geld gekommen war, wollte endlich seiner Leidenschaft für alte Bücher nachgeben. Er bat einen Antiquar, ein wertvolles Buch für ihn zu ersteigern.

„Aber das Buch ist nicht so wertvoll, wie Sie meinen!", riet ihm der Antiquar ab. „Der Einband ist beschädigt, es fehlen sogar mehrere Holzschnitte, die irgendwann aus dem Werk herausgetrennt wurden."

„Steigern Sie trotzdem mit. Wenn man erfährt, dass ich bereit bin, für dieses Werk eine solch große Summe zu bezahlen, wird man mir bald die wirklich wertvollen Werke anbieten." Und in der Tat hatte er in kurzer Zeit eine äußerst erlesene Bibliothek aufgebaut, der seine ganze Freude galt und die unter Bibliophilen hohes Ansehen genoss.

38. Falsche Frage

Ihr geht von falschen Voraussetzungen aus",
ermahnte der Meister seine Schüler und erzählte:

„Ein Bettler war zeit seines Lebens von Haus
zu Haus gegangen, um ein Stück Brot zu er-
betteln. Kaum einer hat ihm ein Almosen ge-
geben. Fast immer wurde er an Gott verwie-
sen, der sich seiner sicherlich erbarmen werde.

So hoffte der Bettler siebzig Jahre lang auf
die Schätze des Himmels, und als er starb, war
er arm wie zu Beginn seines Lebens. An der
Himmelspforte angelangt, wurde er jedoch
nicht herzlich willkommen geheißen oder
auch nur gefragt: ‚Was willst du?'; stattdessen
lautete die Frage: ‚Was bringst du?'"

39. Uneins

Seit Jahren hauste ein Einsiedler in seiner einsamen Hütte und strebte nach Erleuchtung durch strenge Askese.

Einmal geschah es, dass ein Wanderer sich in seine Gegend verirrte. Müde und erschöpft kam er zu der Hütte und bat den Einsiedler um einen Becher Wasser.

Der aber wollte sich in seiner Meditation nicht stören lassen und wies den Wanderer mit den Worten ab: „Lass mich in Ruhe und störe mich nicht. Mich kümmert dein Durst nicht. Mein Sinn ist auf Höheres gerichtet, denn ich suche die Einheit mit Gott."

„Wie willst du eins werden mit Gott, wenn du nicht einmal einig mit mir wirst?", fragte der Wanderer und ging seiner Wege.

40. Wiederverwertung

Vor langer, langer Zeit, als die große Kathedrale gebaut wurde, kam ein unbekannter Handwerker zum Meister der Bauhütte und fragte, ob er seine Handwerkskunst einsetzen dürfe. Steinmetze hätten sie genug, sagte der Baumeister und wollte den Fremden abweisen. Er wolle doch keine Steine behauen, sage der Fremde, sondern er bitte um die Erlaubnis, eines der bunten Glasfenster gestalten zu dürfen. Wenn es sein müsse, zur Probe, sogar ohne Bezahlung.

Da willigte der Baumeister ein, auch wenn er vermutete, dass man am Ende das Glas des Fremden wieder werde ausbrechen müssen, um die Arbeit von einem Fachmann ausführen zu lassen.

In den folgenden Wochen kümmerte sich niemand mehr um den fremden Handwerker.

Monatelang arbeitete er in einem provisorischen Verschlag, bis sein Fenster fertig war.

Dann kam der Tag, der ans Licht brachte, was so lange im Verborgenen geschaffen worden war: ein Kirchenfenster von unbeschreiblicher Schönheit, mit solch glühenden Farben, wie es niemand je zuvor gesehen hatte, prächtiger als alle anderen Fenster der Kathedrale. So einzigartig war das Fenster in seiner Leuchtkraft, dass Menschen von nah und fern kamen, um es anzuschauen.

„Aber woher hast du all das wunderbare, leuchtende Glas?", fragte der erstaunte und zugleich begeisterte Baumeister den Handwerker. Und der Fremde sagte: „Ach, ich fand hier und da ein Stück in der Nähe der anderen Werkstätten. Das Fenster ist gemacht aus den Glasresten, die von den anderen als unbrauchbar weggeworfen wurden."

41. Gottvertrauen

„Mit nur einem Geldstück in der Tasche habe ich mich auf die wochenlange Pilgerfahrt begeben. Ich bin durch Wüsten und Wälder gezogen, doch dank meines Gottvertrauens habe ich es nicht ausgeben müssen", so brüstete sich der Pilger.

„Wo war denn dein Gottvertrauen, als du das Geldstück eingesteckt hast?", fragte der Meister.

42. Lohnend

Eines Nachts schlich sich ein Dieb in das Haus eines frommen Mannes. Er huschte von Zimmer zu Zimmer, doch fand er nichts, das sich zu stehlen lohnte. Da wurde er vom Hausherrn überrascht: „Ich bin tief beschämt, dass du in mein Haus kommst und ich den Gesetzen der Gastfreundschaft nicht genügen kann. Hier ist Wasser zu deiner Erfrischung und Reinigung. Wenn du bleiben und mit mir die heiligen Schriften studieren willst, so möchte ich dir morgen etwas geben, damit du nicht mit leeren Händen mein Haus verlassen musst."

Verwirrt über dieses ungewöhnliche Angebot nahm der Dieb die Einladung an. In den frühen Morgenstunden wurden dem Hausherrn fünfzig Goldstücke gebracht, die ihm jemand seit langem schuldete. „Hier, nimm!", sagte der Hausherr und übergab dem Dieb das Geld. „Das ist dein Lohn für das Gebet einer Nacht."

43. Erhellend

Ein berühmter orientalischer Schriftgelehrter saß in seinem Studierzimmer, das mit wertvollen Teppichen, Möbeln und Büchern ausgestattet war. Die Bücherregale reichten bis unter die Zimmerdecke, Bücher stapelten sich auf den Tischen, und doch waren sie alle zusammengenommen nur ein Bruchteil von dem Wissen, das der Gelehrte im Kopfe hatte.

Eines Tages trug der Wind Stimmen und Gesprächsfetzen durch das offene Fenster. Der Gelehrte hielt in seiner Arbeit inne, verwundert über die Worte, die an sein Ohr drangen. Er rief seinen Diener zu sich und befahl, den Redner da draußen ausfindig zu machen und ihn sofort zu ihm zu bringen. Nach kurzer Zeit kam der Diener zurück und schob einen zerlumpten und unwilligen Beduinen ins Arbeitszimmer.

Da sprach der Gelehrte zu ihm: „Du weißt vielleicht, dass ich als der berühmteste Schriftgelehrte unseres Landes gelte und an allen Universitäten der ganzen Welt bekannt bin. Meine Bücher werden überall studiert. Hier allein siehst du mehr Bücher in einem Raum, als du in deinem ganzen Leben bisher gesehen hast. Sicher bist du nicht einmal des Lesens und Schreibens kundig. Und doch wagst du zu behaupten, der neue Prophet sei gekommen."

„Herr, es tut mir leid, wenn ich dein Auge und deinen Verstand beleidigt habe. Nie hätte ich es gewagt, dir zu sagen, was ich denke. Doch da du mich holen ließest und mich gefragt hast, so will ich versuchen, dir mein Denken verständlich zu machen. Herr, du verfügst über unendlich viele Reichtümer und Kostbarkeiten des Wissens. Wahre Schätze der Gelehrsamkeit türmen sich allein in diesem Zimmer. Wenn ich diese deine Schätze mit den Schätzen des Kalifen vergleiche, so sind deine

Kostbarkeiten wie die seinen verborgen in der Schatzkammer deines Verstandes und streng bewacht in diesem Zimmer.

Mein Wissen dagegen ist wie die Steine in der Wüste: Es liegt offen herum, unsere Füße treten darauf. Nun denke dir, die Sonne geht über dem Horizont auf und sendet ihre Strahlen zu uns. Ich frage dich nun, Gelehrter, wer nimmt wohl ihre Strahlen auf und spiegelt ihren Schein: deine kostbaren, verborgenen und bewachten Schätze oder meine Steine im Wüstensand?"

44. Wie ein Boot

*J*n tiefes Nachdenken versunken saß ein Schüler schon seit Stunden unter dem schattenspendenden Baum. Endlich ging der Meister auf ihn zu und fragte, welcher Kummer sein Herz so belaste, dass er sich so sehr zurückziehe.

„Ich grüble über die Frage nach, wie ich ein wahrhaftiges Leben führen soll, ohne gleich ins Kloster gehen zu müssen, um den Gefahren der Welt widerstehen zu können", sagte der Schüler.

„Betrachte das Boot dort auf dem Fluss", sagte der Meister. „Das Boot muss im Wasser sein, aber das Wasser darf nicht im Boot sein. Wer Gott zum Ziel hat, darf durchaus in der Welt leben, aber die Welt nicht in ihm."

45. Der Hund der Begierde

Als der König durch die Stadt ritt, knieten sich alle Einwohner in den Staub der Straße nieder und neigten die Köpfe. Nur ein Fremder in zerlumpter Kleidung ging hoch erhobenen Hauptes seines Wegs, wie wenn ihn das Verhalten der Einheimischen nichts anginge.

Der König ritt auf den Mann zu und stellte ihn zur Rede: „Sag mir, Fremder, der du es scheinbar nicht nötig hast, mir deine Achtung zu erweisen, obwohl du nur mit ein paar Lumpen bekleidet bist: Wer von uns beiden hat es besser, du oder ich?"

„Zwar bist du in Gold gekleidet", antwortete der Mann, „doch bist du auch mit Blindheit geschlagen. Denn wer sich selbst erhöht, hat nichts verstanden. Ich zweifele nicht im Geringsten daran, dass ich es tausendmal besser habe als ein Mann wie du. Der Hund deiner Begierde ist der Herr deiner blinden Seele. Er hat dich auf die Stufe eines Esels erniedrigt. Er ist dein Herr, führt dich am Zügel und lenkt deinen Kopf, wohin er will. Wie sein Sklave tust du alles, was er will. Du bist nur ein unbedeutender Mensch.

Im Gegensatz zu dir kenne ich die Geheimnisse des Herzens. Und darum habe ich den Hund der Begierde zu meinem Esel gemacht, auf dem ich reite und den ich lenke. Dein Hund beherrscht dich. Mache ihn zu deinem Esel, wenn du nicht länger sein Esel bleiben willst."

46. Das Eine

„Erkenne das Eine", sagte der Meister. „Wer das Eine erkennt, wird alles erkennen. Die Nullen werden zu Millionen, wenn sie hinter der Eins stehen. Wird aber die Eins weggenommen, bleibt nichts.

So hat das Viele nur Wert in Bezug auf das Eine. An erster Stelle stehe das Eine, dann das Viele. Sonst ist es bedeutungslos. Erst Gott, dann die Welt."

47. Möglich

*E*ine Lehrerin fragte ihre kleinen Schüler, was sie denn werden wollen, wenn sie einmal groß sein würden.

Wild durcheinander kamen von allen Seiten die Rufe: „Schlagersänger"; „Fußballspieler"; „Lehrerin"; „Ärztin"; „Pilot"; „Schauspielerin"; „Rennfahrer"...

Jedes Kind in der Klasse hatte einen Wunsch, nur ein Schüler meldete sich nicht. Die Lehrerin bemerkte, dass Moritz ganz still und nachdenklich in seiner Bank saß.

Darum sprach sie ihn direkt an: „Moritz, was möchtest denn du einmal werden, wenn du groß bist?"

„Ich möchte ‚möglich' werden", platzte Moritz heraus.

„Möglich? Was bedeutet ‚möglich'?", fragte die Lehrerin.

„Weil meine Mutti immer sagt", erklärte Moritz, „ich sei unmöglich. Wenn ich groß bin, will ich darum ‚möglich' werden."

48. Großzügig

*E*in Bettler klopft an die Pforte eines Klosters und bittet, zum Abt vorgelassen zu werden. Der Pförtner will den zerlumpten Kerl nicht hereinlassen und bietet ihm Brot und Wasser an. Doch der Bettler besteht auf seinem Wunsch, und dank seiner Hartnäckigkeit wird er endlich vor den Abt geführt.

Der Bettler hält dem Abt seine Bettelschale hin und verlangt, dass er sie ihm mit barer Münze fülle. Der Abt ist entsetzt über das unmäßige Verlangen des Bettlers, und außerdem findet er, dass die Schale viel zu groß sei. Doch der Bittsteller besteht auf seinem Wunsche, denn schließlich sei es doch auch ein Anliegen des Klosters, den Bedürftigen zu helfen.

Nach langen Hin und Her lässt der Abt dem Bettler die Schale bis zum Rand mit Münzen füllen, um den Quälgeist endlich loszuwerden.

Doch der Bettler ist grenzenlos glücklich, als er seine Schale voller Geld in Händen hält. Außer sich vor Freude leert er die ganze Schale vor den Füßen des Abtes aus und ruft begeistert: „So lange schon war es mein sehnlichster Wunsch, deinem Kloster eine Spende darzubringen. Doch weil ich armer Schlucker nichts zu geben hatte, beschloss ich, das Geld dazu von dir selbst zu erbitten!"

49. Haarig

Ein Mann beklagte sich beim Meister über seine nachlassenden Kräfte und die Zipperlein, die sich mit den Jahren einstellten.

„Man kann zwar nichts gegen das Alter tun", sagte der Meister, „aber man muss vermeiden, alt zu werden. Dir sollte es nicht ergehen wie dem Mann, der als der stärkste Mann aller Zeiten galt. Groß war sein Ruhm, denn nie hatte ihn jemand im Ringkampf besiegt. Er stemmte die schwersten Gewichte, trug die dicksten Baumstämme und konnte einen heranstürmenden Stier niederringen.

Eines Tages fand er in seinem Bart ein weißes Haar und brach in Tränen aus: ‚Die stärksten Männer habe ich besiegt, aber dieses Haar zwingt mich nieder. Selbst mit Stieren nahm ich den Kampf auf, doch vor diesem Haar bin ich machtlos.'"

50. Im Einklang

*E*in Meister wurde sehr verehrt, und Scharen von Schülern und Pilger von überallher suchten seine Nähe. So viel Bewunderung schürte die Eifersucht eines Mächtigen im Land, und er beschloss, sich der Quelle seines Neides zu entledigen, und schickte einen gedungenen Mörder los.

Der Attentäter war sehr verwundert, als er erfuhr, dass der so hochverehrte Meister nicht in einem Palast oder Tempel lebte, sondern eine einfache Hütte draußen in der Natur bevorzugte.

„Umso besser", dachte der Mörder, „dann werde ich auf keinen nennenswerten Widerstand stoßen, und es wird eine Kleinigkeit sein, mein Vorhaben auszuführen."

Er schlich sich an die einsame Hütte heran, doch je näher er kam, desto mehr wandelte sich seine Einstellung zu seinem Vorhaben. Unmutig schüttelte er den Kopf, als wolle er die Plagegeister abschütteln, die ihn auf einmal bedrängten. Da sah er den Meister nur wenige Schritte entfernt ruhig im Schatten meditieren. Die Gelegenheit war günstig: Der Mörder hob die Hand, die den Dolch umklammerte, doch statt zuzustechen, ließ er den Dolch seiner Hand entgleiten.

„Ich kann dir nichts antun", sagte er zum Meister. „Doch sag mir, welche Macht dich schützt und mich zwingt, mein Vorhaben aufzugeben."

„Meine Übereinstimmung mit dem Universum, meine Harmonie mit dem Unendlichen. Du kannst auch sagen, mein Einsein mit Gott."

Vor dieser Macht beugte der Attentäter seine Knie und bat, als Schüler aufgenommen zu werden.

51. Wachsein

Ein Schüler, der schon seit Jahren studierte und die geistigen Übungen einhielt, sagte zum Meister, dass er seine Zweifel habe, jemals zur Erleuchtung zu gelangen.

„Mit der Erleuchtung ist es wie mit dem Sonnenaufgang", sagte der Meister. „Du sitzt in finsterer Nacht und kannst nichts anderes tun, als zu warten, dass die Sonne aufgeht. Dem einen scheint die Nacht kürzer, dem anderen länger zu sein. Doch die Sonne kommt bestimmt."

„Wozu sollen dann all die Studien und Übungen gut sein, wenn die Sonne doch auf jeden Fall aufgeht?", fragte der irritierte Schüler.

„Die sind dir nur empfohlen, dass du vorbereitet bist und nicht gerade schläfst, wenn für dich die Sonne aufgeht."

52. Schwarz und Weiß

Ein Schriftgelehrter, der sehr auf seinen Ruhm und seine Anerkennung bedacht ist, kommt in Begleitung seines Schülers an einen Fluss. Sie suchen nach einem Fährmann, doch nach einer Weile bemerkt der Gelehrte, dass sein Schüler verschwunden ist. Schließlich sieht er ihn vom anderen Ufer herüberwinken. Der Schüler hat das Wasser zu Fuß überschritten.

Als endlich auch der Gelehrte mit Hilfe eines Bootes ans andere Ufer gelangt, fragt er seinen Schüler höchst verwundert: „Wie kommt es, dass du etwas kannst, was ich nicht kann? Du hast doch all dein Wissen durch mich erhalten.

Wodurch hast du dann diese wunderbare Fähigkeit erlangt?"

„O mein Meister", antwortet der Schüler,
„ich habe mich all die Jahre damit beschäftigt,
mein Herz weiß zu machen, und du damit, das
Papier mit deiner Tinte schwarz zu machen."

53. *Erkenntnis*

*E*in talentierter Schüler, der bei einem berühmten Maler in die Lehre ging, fragte ihn eines Tages: „Meister, sag mir bitte: Was ist schwer zu malen?"

„Hunde, Pferde und Menschen sind schwer zu malen", antwortete der Meister.

„Und was ist leicht zu malen?", fragte der Schüler.

„Leicht zu malen sind Götter, Geister und Engel", sagte der Meister. Der Schüler schaute ihn fragend an.

„Hunde, Pferde und Menschen sind schwer zu malen, weil sie jeder kennt und jeden Tag sieht. Jedermann kann erkennen, ob sie gut oder schlecht gemalt sind, jeder hat gleich eine Meinung dazu.

Götter, Geister und Engel jedoch haben keine für jedermann gültige Gestalt. Für jeden, der sie gesehen hat oder glaubt, sie gesehen zu haben, stellten sie sich anders dar. Darum sind sie leicht zu malen."

54. Entscheidungen

*I*m verhältnismäßig jungen Alter von vierunddreißig Jahren war ein Mann vor kurzem zum Direktor der Bank ernannt worden. Nie hatte er von einer solchen Karriere zu träumen gewagt, schon gar nicht, in seinem Alter bereits Direktor zu sein. Eines Tages hatte er Gelegenheit, mit dem Präsidenten des Aufsichtsrates zu sprechen, der ihn für diese Aufgabe als Direktor empfohlen hatte.

„Es ist eine große Verantwortung, die mir übertragen wurde, und ich werde mich ihr mit ganzer Kraft widmen", sagte der junge Direktor. „Doch ich wäre Ihnen dankbar, wenn Sie mir aus dem reichen Schatz Ihrer Erfahrungen einige Ratschläge erteilen würden."

Der alte Mann schaute den Direktor nachdenklich an und sagte dann nur zwei Worte: „Richtige Entscheidungen!"

Der junge Mann hatte sich schon ein bisschen mehr erhofft, darum sagte er: „Das ist sehr hilfreich, und ich weiß Ihren Rat zu würdigen. Aber könnten Sie mir nicht etwas differenziertere Hinweise geben? Denn ich brauche Ihre Hilfe, um richtige Entscheidungen treffen zu können."

Doch der Präsident schien kein Mann vieler Worte zu sein. Er sagte nur: „Erfahrung."

„Nun, das ist ein Grund, warum ich Sie frage", erwiderte der junge Direktor. „Ich vermute, dass ich noch nicht genügend Erfahrungen habe. Wie kann ich diese erlangen?"

Der alte Mann lächelte und erwiderte knapp: „Falsche Entscheidungen!"

55. Überwinden

Zum Meister kam ein unentschlossener junger Mann. Er war sich nicht im Klaren darüber, ob er der Welt entsagen sollte, um Erleuchtung zu finden, oder ob er in seinem Lebensumfeld verharren sollte, obwohl er eigentlich gerne sein Schüler werden wollte.

„Wenn du Erleuchtung erlangen willst, dann mache ein Strich unter dein bisheriges Leben", verlangte der Meister.

„Das kann ich nicht", sagte der junge Mann. „Ich will es Schritt für Schritt tun."

„Zwischen deinem Leben, so wie du es bisher gelebt hast, indem du deinen Neigungen gefolgt bist und deine leiblichen Bedürfnisse bedient hast, und dem geistigen Leben, das dir Erleuchtung schenken wird, liegt eine tiefe Schlucht. Und keine Brücke führt zur anderen Seite.

Man kann einen Abgrund nicht mit kleinen Hüpfern überwinden, sondern nur mit einem einzigen Sprung."

56. Bedeutungslos

Der König leidet auf einer Reise starken Durst. Die mitgeführten Wasservorräte sind erschöpft. Ein weiser Mann aus seinem Gefolge sagt zu ihm: „Wenn du jetzt auf dieser Reise noch zehn Tage lang kein Wasser fändest, würdest du dann für einen Becher frischen Wassers die Hälfte deines Reiches geben?"

„Ja, das würde ich tun", antwortet der König.

„Und wenn sich dann herausstellen sollte, dass dein Mund und deine Kehle so ausgedörrt sind, dass du die Hilfe eines Arztes bräuchtest, um trinken zu können, würdest du dann dem Arzt die andere Hälfte deines Reiches geben?"

„Ja, auch das würde ich tun", bestätigt der König.

„Dann hänge dein Herz nicht an ein Reich, das nur einen Becher Wasser wert ist!"

57. Entlastet

Über schwankende Planken trugen Männer vor Anstrengung keuchend schwere Getreidesäcke an Land, um das Boot zu entladen. Erbarmungslos brannte die Sonne herab.

Einem der Arbeiter war der Traggurt gerissen, und statt ihn zu flicken, saß er müßig im Schatten. Der Aufseher kam zu ihm und herrschte ihn an: „Los, auf die Beine mit dir. Was sitzt du da so faul herum? Ich werde dir deinen Lohn kürzen!"

„Mag sein", sagte der Arbeiter, „dass ich ein paar Mark verlieren werde, aber dafür ist mir eine Zentnerlast von Rücken gefallen."

58. Annäherung

Am Ufer des heiligen Flusses Ganges sollte ein großes Fest zu Ehren der Flussgöttin stattfinden, zu dem schon viele große Herren und Fürsten angereist waren. Ein frommer Fürst aber traf wegen seines langen und beschwerlichen Reiseweges von weit her so spät ein, dass er am Ufer des Flusses keinen Lagerplatz mehr für sich und seine Gefolgschaft einrichten konnte, sondern in einem abgelegenen Waldstück seine Zelte aufschlagen musste.

Die anderen Fürsten machten sich über ihn lustig und nannten ihn einen Hinterwäldler und Waldschraten. Der Fürst aber kümmerte sich nicht um ihren Spott, doch seine Minister und Diener waren außer sich vor Wut über diese Beleidigungen ihres Fürsten. „Kümmert euch nicht darum. Lasst sie doch reden. Für einen frommen Menschen ist es einerlei, ob er die Göttin am Ufer des Ganges oder in einem öden Wald verehrt. Ohne Vorstellungskraft gibt es keinen Glauben. Und wenn die Göttin uns liebt, wird sie auch bis hierher finden."

In der Nacht vor dem großen Fest donnerte es, und Blitze zuckten. Schwere Wolken zogen auf und es begann, in Strömen zu regnen. Die ganze Nacht hindurch hielt das Unwetter an, und der Fluss trat über sein Ufer. Viele Fürsten mussten eiligst ihre Zelte abbrechen, denn die Flut ließ sich nicht mehr aufhalten.

Am nächsten Morgen aber war das Erstaunen aller groß, als sie sahen, dass der Ganges in einem sanften Bogen an den Zelten des geschmähten Fürsten vorbeifloss. Und sie verneigten sich in Ehrfurcht vor dem Frommen, den die Gottheit liebt.

59. Günstig

Nach langem und beschwerlichem Weg erreichten die beiden Wanderer müde und hungrig endlich ein Dorf. Am Wirtshaus hing eine Tafel, auf der mit Kreide der Preis für das Gericht des Tages verzeichnet war.

„So ein Braten wäre mir jetzt gerade recht. Aber er ist viel zu teuer für uns", seufzte der eine Wanderer.

„Wir machen ihn billig", sagte selbstbewusst sein Kamerad.

„Willst du den Preis etwa abändern? Das gibt Ärger!"

„Viel einfacher", bekam er zur Antwort. „Wir essen nichts und bezahlen nichts."

60. Verändern

ie Eltern waren in große Sorge wegen ihres einzigen Sohnes, der ein ziemlich ausschweifendes Leben in der großen Stadt führte. Sie wussten, dass sie ihr Kind sehr verwöhnt und einen Teil der Situation mitverursacht hatten, die sie nun beklagten. Kein Wunder, dass alle ihre Ermahnungen bei ihrem Sohn auf taube Ohren stießen.

„Ich lebe jetzt, und ich will etwas vom Leben haben", war seine Devise. Es kümmerte ihn nicht, dass er seinen exzessiven Lebenswandel auf Kosten seiner Eltern bestritt und allmählich auch sie in Gefahr brachte.

Da besprach sich eines Tages der Vater mit seinem älteren Bruder: „Du bist doch der Patenonkel unseres Sohnes. Wir wissen, dass wir ihn strenger hätten erziehen müssen, und es schmerzt uns sehr, dass wir immer so nachgiebig waren und unser Sohn nicht auf uns hören will. Alles Ermahnen und Schimpfen hilft nicht weiter.

Dich hat er doch immer sehr gern gehabt. Du hast sicher einigen Einfluss auf ihn. Willst du es nicht versuchen, ihn zur Umkehr zu bewegen, ehe er sich und uns in die Katastrophe stürzt? Ich würde dich nicht bitten, es zu versuchen, wenn ich noch einen anderen Ausweg wüsste."

So machte sich der Patenonkel auf den weiten Weg und besuchte seinen Neffen, den er viele Jahre lang nicht gesehen hatte. Dem ehemals schönen und stattlichen jungen Mann waren deutlich die Zeichen seines ausschweifenden Lebens ins Gesicht geschrieben. Doch der Onkel verlor kein Wort darüber. Stattdessen sprachen sie über dies und das, die Freude des Wiedersehens, die Studienbedingungen in der fremden Stadt, und der Neffe war sichtlich bemüht, seinem Lieblingsonkel gefällig zu sein.

Als der Onkel am nächsten Morgen abreisen wollte, schienen seine Hände zu zittern und ihn sein Rücken zu plagen. „Ich werde allmählich alt. Die kleinsten Anstrengungen machen sich unangenehm bemerkbar. Würdest du mir bitte helfen, meine Schuhe zu schnüren?"

Gerne war ihm der Neffe behilflich.

„Du siehst, man wird jeden Tag älter und kraftloser. Darum gib gut auf dich acht, damit du das Leben lange genießen kannst."

Mit diesen Worten verabschiedete sich der Onkel, dem nicht eine Silbe des Tadels und des Vorwurfs über die Lippen gekommen war. Und doch veränderte von diesem Tage an der Neffe sein Leben.

61. Affenschande

*E*in Affe prahlte immerfort, dass kein Lebewesen unter der Sonne höher und weiter springen könne als er. Darum forderte er alle Tiere des Waldes auf, ihn als König des Himmels anzuerkennen. Eines Tages gab er einem Fremden gegenüber großmäulig mit seinen Fähigkeiten an. Es war Gott, der sich bückte und das Äffchen in seine Hand nahm.

„Du sollst der König des Himmels werden, wenn du es schaffst, aus meiner Hand herauszuspringen", versprach er.

Der Affe verzog verächtlich das Gesicht: „So ein Sprung ist nun wirklich eine Kleinigkeit", sagte er.

Er holte tief Luft, ruderte mit den Armen und sprang so hoch und weit, wie er es noch niemals zuvor in seinem Leben getan hatte – und er sprang wahrhaftig bis ans Ende der

Welt. Dort standen vier Säulen, die den Himmel stützten. An eine Säule machte er ein Zeichen als Beweis, dass er bis hierher gesprungen war. Dann nahm er Anlauf und sprang in einem Satz wieder zurück in Gottes Hand.

„Na, da staunst du?", rief der Affe. „Bis ans Ende der Welt bin ich gesprungen, und wenn du es nicht glaubst, sieh selber nach, denn ich habe an eine der Säulen mein Zeichen gemacht!" Und mit stolzgeschwellter Brust rief er: „Jetzt bin ich der König des Himmels!"

Doch Gott lächelte nur, streichelte mit dem Daumen das Fell des Äffchens und sagte zu ihm: „Die vier Säulen, kleiner Freund, waren doch nur meine Finger. Denn wisse, auch du kannst nicht aus meiner Hand herausspringen!" Er setzte den Affen behutsam zu Boden, und der verschwand beschämt zwischen den Blättern.

62. Zur Sicherheit

Zu den Predigten des Propheten Mohammed kamen die Gläubigen von nah und
fern, um seinen Worten zu lauschen. Ein
Frommer blieb den ganzen Tag über in seiner
Nähe. Er hörte andächtig zu und betete mit
der Gemeinde in frommer Inbrunst. Als die
Dämmerung kam, verabschiedete er sich von
Mohammed und ging zu der Palme, unter der
er am Morgen sein Kamel zurückgelassen
hatte.

Doch kurz darauf kam er in fliegender Hast
zum Propheten zurückgerannt, schimpfte und
schrie: „Was ist das für eine Welt? Heute Morgen ritt ich mit andächtigen Sinnen zu dir, um
die Worte des Propheten Gottes zu hören.
Und jetzt wurde mir mein Kamel gestohlen.
Ich befolge alle deine Gebote, achte auf Gottes
Wort, und was habe ich nun davon? Mein Ka-

mel ist fort! Ist das göttliche Gerechtigkeit? Ist das der Lohn der Tugend? Wie komme ich jetzt nach Hause?" So lamentierte er in einem fort.

Als dem Frommen endlich der Atem knapp wurde, lächelte Mohammed ihn an und sagte: „Glaube an Gott – und binde dein Kamel fest!"

63. Erstaunen

In einer klaren Nacht betrachtet ein Weiser den funkelnden Sternenhimmel und ruft voller Begeisterung: „O Gott, wenn schon das Dach deines Gefängnisses so schön ist, wie herrlich muss dann erst das Dach des Paradieses sein!"

64. Wirkung

Montags kam der Zivildienstleistende zu der alten Dame. „Guten Morgen", wünschte er fröhlich, „wie geht es Ihnen?"

„Gut. Keine Beschwerden", war die Antwort.

„Dann waren Sie gestern sicherlich außer Haus?", erkundigte sich der Zivi.

„Ja, natürlich. Ich war in der Kirche. Zweimal sogar: morgens im Gottesdienst und abends in der Andacht."

„Na, Sie werden ja eine richtige Heilige werden, wenn Sie so weitermachen. Wie war denn die Predigt?"

„Die Predigt war gut. Der junge Pfarrer predigt immer gut."

„Worüber hat er denn gesprochen?"

„Gesprochen? Da muss ich kurz nachdenken ..."

„Vergessen, nicht wahr?", hänselte der junge Mann.

„Es war eine sehr gute Predigt", entgegnete die alte Dame mit Nachdruck.

„Da bin ich ganz sicher. Und welcher Text wurde in der Abendandacht gelesen?", bohrte der Zivi weiter.

„An den Inhalt kann ich mich jetzt nicht erinnern, aber ich bin mir sicher, der Text war aus dem Johannes-Evangelium. Er fällt mir gleich wieder ein ..."

Amüsiert und mit einer Miene wie ein alter weiser Lehrer schüttelte der junge Mann den Kopf: „Wohl wieder alles vergessen, junge Frau? Ich frage mich, was es für einen Sinn haben soll, zweimal am Sonntag in die Kirche zu laufen und all die frommen Worte bereits am Montag schon wieder vergessen zu haben. Warum machen Sie es sich nicht lieber zu Hause gemütlich und ..."

„Würden Sie mir einen Gefallen tun?", unterbrach die alte Dame ruhig seine Sticheleien. „Nehmen Sie bitte den alten Korb, stellen Sie ihn unter den Wasserhahn und tragen ihn gefüllt hinüber zu den Rosen."

Der junge Mann lachte laut auf. „Damit können Sie mich doch nicht hereinlegen. Ich könnte noch so lange warten, es wäre doch kein Tropfen Wasser in dem Korb, wenn ich ihn zu den Rosen bringen wollte."

Die alte Dame lächelte. „Vielleicht haben Sie ja recht", sagte sie sanft. „Vielleicht haben Sie wirklich recht und es bleibt kein Tropfen Wasser im Korb – aber der Korb wäre ein bisschen sauberer."

65. Wie man hineinschaut

Eine arme Frau, die immer nur die Sorge um das tägliche Brot gekannt hatte und trotz aller Mühen und Plagen keine schöne Kleinigkeit ihr eigen nannte, sah bei einem Händler auf dem Markt zum ersten Mal in ihrem Leben einen Spiegel.

Sie nahm ihn in die Hand und schaute hinein, und was sie da erblickte, erfüllte sie mit so großer Freude, dass sie ihn für ihr einziges Geld sofort kaufte.

Ihre Neuerwerbung versteckte sie im Hause gut vor ihrem Manne, denn der wäre sicher mit ihrer Geldverschwendung, wie er es nennen würde, nicht einverstanden. Aber natürlich konnte sie es sich nicht versagen, ab und zu in den Spiegel zu schauen und sich an dem Wunder zu erfreuen, das sie dort sah und das auch sie anblickte.

Ihrem Manne fielen nach und nach kleine Veränderungen in ihrem Wesen auf, und bald war er davon überzeugt, dass sie etwas vor ihm zu verbergen hatte. Darum nutzte er die Gelegenheit, als sie einmal nicht im Hause war, um ihre wenigen Habseligkeiten zu durchstöbern, und so fand er den Spiegel. Er nahm ihn in die Hand und schaute hinein.

„Verflucht!", rief er aus. „Habe ich es denn nicht vermutet? Sie hat einen andern. Aber zum Glück ist der Kerl abgrundtief hässlich."

66. *Verschüttete Milch*

*W*ährend der Hauptverkehrszeit in den frühen Morgenstunden rutschte einem Kleinlaster, der zur Molkerei fuhr, eine große Milchkanne von der Ladefläche.

Der Deckel sprang ab und dreißig Liter Milch ergossen sich über die Fahrbahn. Ein Polizist stoppte den Verkehr und der Fahrer holte die verlorene Kanne zurück.

Schon wollte der Polizist den Verkehr wieder freigeben, als er eine kleine Katze aus den Büschen am Straßenrand auf die Fahrbahn gehen sah, die anfing, die Milch aufzulecken. Der Polizist gab die Fahrbahn nicht frei, und ungefähr drei Ampelphasen lang mussten die Autofahrer warten.

Nachdem das Kätzchen sich satt getrunken hatte und wieder in den Büschen verschwunden war, gab der Polizist das Zeichen, und der Verkehr rollte weiter, als wenn nichts geschehen wäre.

67. Gerecht

*E*in frommer Mensch beobachtete, dass die Frau im Haus gegenüber ständig Besuch von Männern hatte. Eines Tages sprach er sie an und machte ihr heftige Vorwürfe: „Du bist eine große Sünderin. Tag und Nacht kommen Männer zu dir, denen du mit deinem Leib zu Diensten bist. Gott wird dich für deine Schandtaten strafen, und du wirst in die tiefste Hölle verbannt werden."

Die arme Frau war sichtlich erschüttert. Voller Verzweiflung flehte sie zu Gott und bat ihn um Vergebung. Doch sah sie aus ihrer seelischen Not keinen Ausweg, da sie in ihrem Gewerbe aufgewachsen war und nichts anderes wusste, um ihr Leben zu fristen. Jedes Mal, wenn sie mit ihrem Leib sündigte, vermehrte sich die Qual in ihrem Herzen, und mit inständiger Reue flehte sie Gott um Vergebung an.

Der Fromme erkannte, dass seine Ermahnungen nutzlos geblieben waren. Nun begann er, das Haus gegenüber noch genauer zu beobachten. Für jeden männlichen Besucher legte er einen Stein beiseite, und allmählich wurde daraus ein kleiner Hügel.

Eines Tages zeigte er der Frau den Steinhaufen und erklärte: „Jeder Stein steht für einen deiner Besucher und darum für jede Sünde, die du mit deinem Leib begangen hast, seit der Zeit, als ich dich zur Abkehr von deinem sündigen Tun ermahnte."

Angesichts ihrer aufgehäuften Schande brach die Frau bitterlich weinend zusammen. Vollkommen hilflos und verzweifelt rief sie in ihrer Qual Gott um Erlösung aus diesem elenden Leben an. Und Gott erhörte ihr Gebet und beendete ihre irdische Not.

Doch schickte er seinen Todesengel auch in das Haus des Frommen, der am gleichen Tage verstarb. Engel geleiteten die Seele der Sünderin in den Himmel, während die Seele des Frommen in die Abgründe der Hölle gestoßen wurde. „Ist das etwa die göttliche Gerechtigkeit, an die ich alle meine Lebenstage geglaubt habe und darum in Armut und frommem Gebet die ewige Seligkeit erhoffte? Warum wird nun diese große Sünderin mir vorgezogen und kommt in den Himmel?"

„Wie die Saat deiner Gedanken, so soll deine Ernte sein", antworteten die Engel. „Was bist du doch für ein selbstgerechter Heuchler. Bei deinem scheinbar frommen Verhalten ging es dir nur um die Anerkennung deiner Mitmenschen. Nie hat dein Herz Gott gesucht. Diese beklagenswerte Frau jedoch betete immerwährend zu Gott in ihrem Herzen, wenngleich ihr Leib dabei auch sündigte.

Schau hernieder auf die Menschen, was sie mit deiner leiblichen Hülle tun: Sie schmücken deinen Leib, mit dem du nie gesündigt hast, mit Blumen und Girlanden und beerdigen ihn. Den sündigen Leib der Frau jedoch warfen sie auf den Schindanger. Doch ihr Herz war rein und darum geht ihre Seele ein in die Gefilde des Reinen. Deine Unaufrichtigkeit und selbstgerechte Heuchelei in der ständigen Betrachtung ihrer Sünden haben dich zum Sünder und dein Herz unrein gemacht. Darum geht deine Seele ein in die Regionen des Unreinen. Denn du warst die wahre Hure, nicht sie."

68. Lebensspanne

*E*in Mann hatte ein Haus renoviert, das lange Zeit leergestanden war. Denn die Nachbarn behaupteten, dass es in dem alten Haus nicht ganz geheuer sei und ein böser Geist darin sein Unwesen treibe. Doch der neue Besitzer glaubte nicht an böse Geister. „Ich werde leben oder sterben, ganz wie es Gottes Wille ist", sagte er; und als das Haus wieder schön hergerichtet war, zog er dort ein.

Um Mitternacht weckten ihn fürchterliche Geräusche und ein erbärmlicher Gestank aus tiefem Schlaf. Eine schreckliche Gestalt mit roten Augen und spitzen Zähnen bäumte sich vor ihm auf. All seinen Mut zusammennehmend fragte der Mann: „Wer bist du und was willst du?"

„Ich bin ein mächtiger und fürchterlicher Geist, und ich will meinen Anteil von dir.

Wenn ich nicht jeden Tag genug zu fressen be-
komme, werde ich dich verschlingen."

„Gut!", sagte der Mann, „ich bin einverstanden. Doch habe ich eine Bitte an dich: Wenn
du wirklich ein so mächtiger Geist bist, wie du
behauptest, dann hast du auch sicher Zugang
zum Hauptbuch Gottes. Deshalb sage mir
morgen, welche Lebenszeit für mich im Buche
Gottes verzeichnet ist. Dann weiß ich, ob ich
dir trauen kann, und werde deine Wünsche erfüllen."

Am nächsten Tag kam der Geist zur verein-
barten Zeit wieder und sprach: „Hör gut zu,
Menschlein, denn ich sage nur einmal, was ich
erfahren habe. Ich selber habe im Hauptbuch
Gottes nachgesehen und gelesen, dass deine
Lebensspanne genau achtzig Jahre beträgt und
keinen Tag länger. Jetzt bring mir mein Fressen!"

Aber kaum hatte der Geist zu Ende gesprochen, da jammerte der Mann schon los: „Bist

du noch ganz bei Sinnen? Was sind schon achtzig Jahre? Nur noch ein paar Jährchen, dann sind sie vorbei. Wenn ich gestorben bin, bekommst du auch nichts mehr zu Fressen von mir. Schon in eigenem Interesse, gehe nochmals hin und sieh zu, was du erreichen kannst, damit mein Leben um wenigstens ein Jahr und einen Tag mehr oder weniger verlängert wird. Ich werde dir ewig dankbar sein und deinen Anteil vergrößern!"

Die Aussicht auf mehr Fressen als jemals zuvor ließ den Geist wieder zum Hofe Gottes eilen. Als er zurückkam, war er sehr wütend und sehr hungrig. „Alles umsonst!", brüllte er los. „Ich habe Gott persönlich angefleht, gebittet und gebettelt habe ich, dass er dein Leben um wenigstens ein Jahr verlängern solle. Aber er hat das rundweg abgelehnt. ‚Was geschrieben steht, bleibt geschrieben', sagte er. Keines Menschen Alter kann auch nur um einen Tag herauf- oder herabgesetzt werden. Also sei zufrieden und gib mir endlich mein Fressen, sonst vergesse ich mich und verschlinge dich auf der Stelle!"

Da lächelte der Mann: „Wie du schon sagtest: ‚Niemand kann mein Leben kürzer oder länger machen, denn es ist das Gesetz Gottes!'

Also: Verschwinde aus meinem Leben!" Da schämte sich der Geist und ward nie wieder gesehen.

69. Weitsichtig

In einem kleinen Haus mit einem großen Grundstück lebte ein Mann, der dort einen herrlichen Garten angelegt hatte. Obwohl der Mann infolge eines Unfalls vor einigen Jahren erblindet war, verbrachte er dennoch jede freie Minute in seinem Garten. Er pflanzte und bewässerte, pflegte den Rasen, beschnitt die Rosen und im Frühling, im Sommer und im Herbst bot der Garten ein prächtiges Bild voll der leuchtendsten Farben.

Einmal kam ein Besucher aus der Stadt vorbei, der im Dorf von dem blinden Gärtner gehört hatte.

„Sagen Sie mir, warum machen Sie das?", fragte der Städter. „Wie ich hörte, können Sie doch gar nicht sehen."

„Nicht das Geringste!"

„Warum plagen Sie sich dann mit dem Garten ab? Was haben Sie denn von den Blumen, wenn Sie die eine Farbe nicht von der anderen unterscheiden können?"

Der blinde Gärtner lehnte sich an den Gartenzaun und sagte lächelnd zu dem Fremden: „Nun, es gibt einige gute Gründe: Ich habe Gartenarbeit immer gemocht. Sie nur deswegen aufzugeben, weil ich erblindete, schien mir kein ausreichender Grund zu sein. Ich kann zwar nicht sehen, was da wächst, aber ich kann tasten und fühlen. Ich kann die Farben zwar nicht sehen, aber ich kann den Duft der Blumen einatmen, die ich einpflanzte. Und ein weiterer Grund sind Sie."

„Wieso ich? Sie kennen mich doch gar nicht!"

„Sie persönlich kenne ich zwar nicht. Aber an schönen Tagen kommt manchmal jemand wie Sie hier vorbei und bleibt stehen. Wenn dieses Stückchen Erde nur ein verwildertes, heruntergekommenes Grundstück wäre, dann wäre Ihnen der Anblick unangenehm gewesen. Meiner Meinung nach gibt es keinen Grund, etwas nicht zu tun, nur weil es einem selbst auf den ersten Blick nicht allzu viel bringt, wenn es doch anderen ein wenig hilft."

„So habe ich das noch gar nicht gesehen", sagte nachdenklich der Besucher.

„Und außerdem", fuhr der blinde Gärtner lächelnd fort, „Leute kommen vorbei, freuen sich, bleiben stehen und halten einen kleinen Schwatz mit mir, ebenso wie Sie es gerade tun. Ich meine, das bedeutet eine ganze Menge für einen Menschen, der blind ist."

70. Elixier

*G*autama Buddha erzählt in einem Sutra seinen Jüngern diese Geschichte:

„Ein Mann wanderte alleine durch das weite Land, als er hinter sich einen hungrigen Tiger bemerkte. Der Wanderer versuchte, dem Tiger zu entkommen, und rannte los, so schnell, wie er noch nie in seinem Leben gelaufen war. Da kam er an eine Schlucht, über die keine Brücke führte. Schon konnte er die Gier in den Augen des heranjagenden Tigers erkennen, da blieb ihm nur die Schlucht als Ausweg. Sich an der Wurzel des wilden Weins festhaltend, schwang er sich über den Rand der Schlucht. Weiter hinabklettern konnte er nicht, da die Felswand keinerlei Halt bot und unten schon ein anderer Tiger auf die Beute wartete, die ihm zufallen würde. Von oben stieß ihm der wütende Tiger seinen stinkenden Atem ins Gesicht.

So hing er an der Wurzel des Weines zwischen Leben und Tod. Zwei Mäuse kamen aus ihrem Versteck hervor. Sie fingen an, die Weinwurzeln zu zernagen. In seiner Not sah der Mann sich um und sah eine rote, süße Erdbeere nur eine Armeslänge entfernt am Schluchtrand wachsen.

Mit einer Hand hielt der Mann sich fest, mit der anderen pflückte er die Erdbeere.

Nie aß er eine, die köstlicher schmeckte."

71. Beispiel

Unter den Schülern des Meisters war ein Streit entbrannt, wer von ihnen der Frömmste sei. Der Meister sah dem Treiben einige Zeit zu, dann sagte er mit leiser Stimme, die nicht zu überhören war: „Keiner von euch ist frömmer als unser Nachbar."

Sprachlos hielten die Schüler inne. Dann wagte der Vorlauteste von ihnen die Bemerkung: „Aber der murmelt doch höchstens einmal am Morgen den Namen Gottes. Dann arbeitet er den ganzen Tag auf dem Felde, und wenn er abends müde zu Bett geht, murmelt er ihn vielleicht noch einmal. Wieso soll der Bauer frömmer sein als einer von uns, die wir doch jeden Tag stundenlang meditieren und beten?"

Da nahm der Meister eine Schale, füllte sie mit Wasser und befahl dem vorlauten Schüler, mit der gefüllten Schale zehnmal den Baum zu umrunden, unter dem sie saßen.

Dieser ging zehnmal um den Baum herum und schaffte es wirklich, keinen Tropfen zu verschütten. Siegesgewiss gab er dem Meister die Schale zurück, doch der fragte ihn, wie oft er bei seinem Rundgang an Gott gedacht habe.

„Wie sollte ich an Gott denken, da ich doch meine ganze Konzentration darauf verwandte, keinen Tropfen Wasser zu verschütten?"

Da sagte der Meister: „Diese Schale mit Wasser beanspruchte deine Aufmerksamkeit so sehr, dass du Gott darüber vergessen hast. Und du hast den Hochmut, dich mit jenem Bauern zu vergleichen, der täglich zweimal betet, obgleich die Schwere der Arbeit und die Mühsal des Lebens auf ihm lastet."

72. Papierform

Der Meister ermahnte seine Schüler mit den Worten: „Über Gott nach dem Lesen der heiligen Schriften Aussagen machen zu wollen ist genauso einfältig wie eine Hauptstadt zu beschreiben, wenn man sie nur auf der Landkarte mit kleinem Maßstab gesehen hat."

73. Tonangebend

Einmal erklärte der Meister:

"Der Sinn der Glocke ist ihr Ton. Einst jedoch schlich ein Dieb zur Glocke, der nur an ihrer Bronze interessiert war. Da die Glocke aber zu groß und zu schwer war, als dass er sie hätte wegschleppen können, wollte er sie in Stücke schlagen. Doch schon beim ersten Hieb erschall ein so gewaltiger Ton, dass er vor Schreck den Hammer fallen ließ und sich die Ohren zuhielt.

Dass er nicht gehört werden wollte, ist verständlich, aber sich selbst die Ohren zuzuhalten ist nur dumm."

74. Bereit

*E*in junger Mann aus vornehmem Hause, mit bester Erziehung und hervorragender Bildung kam zum Meister, um der Welt zu entsagen und um sein Schüler zu werden. Er wolle den langen, mühsamen Pfad zur spirituellen Erleuchtung gehen. Der Meister nickte nur und gab ihm die Arbeit eines Anfängers. Nun musste der vornehme Jüngling die Räume der Schüler säubern, den Abfall hinaustragen und die Toilette reinigen.

Niemand von den Schülern wagte, ihn wegen der ihm zugedachten Aufgaben zu hänseln. Vielmehr waren sie alle peinlich berührt, dass der, der doch eigentlich zur Spitze der Gesellschaft gehörte, nun die niedrigsten Arbeiten erledigen musste. Aus Mitleid mit dem Neuen versuchten sie, den Meister umzustimmen.

Doch der Meister blieb bei seiner Entscheidung: „Er muss diese Arbeiten tun, denn er ist noch nicht bereit."

Nach einiger Zeit kamen die Schüler wieder zu ihm und sagten: „Der Neue ist so freundlich zu uns allen, so feinfühlig und kultiviert, dass wir kaum mitansehen können, wie so ein feiner Mensch solch einfache Arbeiten verrichtet. Wäre es nicht besser, ihn mit anderen Aufgaben zu betrauen, die seiner Art mehr entsprechen?"

Der Meister liebte seine Schüler wegen ihres Mitgefühls, doch da sie den Sinn seiner Anordnungen nicht verstanden, sagte er nur, er wolle den Neuen prüfen.

Als dieser nun am nächsten Tag den Abfall hinaustrug, stieß jemand, der gerade um die Ecke kam, wie zufällig mit ihm zusammen, und der Abfall wurde ringsum verstreut. Der Neue schaute mit zusammengezogenen Augenbrauen auf den Tölpel und knurrte: „So einfach wärst du früher nicht davongekommen."

Der Meister befand daraufhin: „Er ist noch nicht bereit."

Zwei Monate später wurde der Test wiederholt. Diesmal schaute der Neue nur auf, sagte aber nichts und sammelte den Abfall wieder zusammen. Und wieder urteilte der Meister, dass der Neue noch nicht soweit sei.

Monate später, bei der dritten Prüfung, sammelte der Neue den verstreuten Abfall gleichmütig ein und trug ihn fort. Da sagte der Meister: „Seine Zeit ist jetzt gekommen. Nun ist er bereit."

75. Das Floß

Gautama Buddha erzählte das Gleichnis von dem Mann, der den Gefahren und Schrecken seines Landes entrinnen wollte und der auf seiner Flucht plötzlich an das Ufer eines mächtigen Flusses gelangte. Er wusste, dass am jenseitigen Ufer das Land des Friedens und der Freude begann. Es war das Ziel seiner Sehnsucht, dorthin zu gelangen. Doch keine Brücke führte auf die andere Seite, und kein Fährmann war da, um ihn hinüberzurudern.

So kam der Mann auf den Gedanken, sich aus jungen Baumstämmen und Schilfgras ein Floß zu bauen, um so das ferne Ufer zu erreichen. Nach einigen Mühen hatte er ein brauchbares Floß gefertigt, und mit den Händen rudernd, gelangte er endlich ans andere Ufer.

Dort angekommen überlegte er, was er nun mit dem Floß anfangen sollte, das er in so mühevoller Arbeit gebaut hatte und das ihm so überaus nützlich gewesen war.

Sollte er sich das Floß auf den Rücken binden, damit er es immer zur Verfügung hätte, ganz gleich wohin er ginge?

Wäre dies die Entscheidung, die von dem Mann erwartet werden würde?

Oder sollte er nicht vielmehr denken: Dieses Floß ist mir sehr nützlich gewesen, um dem Land der Schrecken und Gefahren zu entkommen und um den großen Fluss zu überqueren. Jetzt aber bin ich glücklich im Land meiner Sehnsucht angelangt. Dafür bin ich dem Floß dankbar. Jetzt kann ich es entweder ans Ufer legen oder ich kann es im Wasser lassen, und der Fluss wird es irgendwohin tragen, während ich unbeschwert meinen Weg gehen werde.

Wenn der Mann so handeln würde, hätte er doch recht entschieden.

Und wie das Floß, ihr Mönche, sollt ihr auch die Lehre ansehen: geeignet zum Überqueren, jedoch nicht, um sich daran festzuklammern. Loslassen sollt ihr selbst die wahre Lehre, wie viel mehr dann die falsche.

76. Fundort

Zum Meister kam ein Schüler. Der Meister fragte ihn: „Was suchst du hier?"

„Ich suche Erleuchtung bei dir", erwiderte der Schüler.

„Was suchst du Erleuchtung bei mir?", fragte der Meister. „Du hast doch deine eigene Schatzkammer. Warum suchst du außerhalb?"

Verwundert rief der Schüler: „Ich soll eine Schatzkammer haben? Sag mir: Wo ist sie denn, meine Schatzkammer?"

„Das, was du fragst, ist deine Schatzkammer", antwortete der Meister. „Öffne sie und gebrauche ihre Schätze."

Im Verlag Herder sind außerdem erschienen:

Balsam für die Seele - Freundschaft
Überraschende Weisheitsgeschichten, die Sympathie schenken
ISBN 978-3-451-30490-3

Balsam für die Seele - Glück
Überraschende Weisheitsgeschichten, die inspirieren
ISBN 978-3-451-30491-0

Balsam für die Seele - Liebe
Überraschende Weisheitsgeschichten, die Zuneigung schenken
ISBN 978-3-451-30493-4

Balsam für die Seele - Kraft
Überraschende Weisheitsgeschichten, die stark machen
ISBN 978-3-451-30492-7

Balsam für die Seele - Lebensfreude
Überraschende Weisheitsgeschichten zum Genießen
ISBN 978-3-451-30596-2

MIX
Papier aus verantwor-
tungsvollen Quellen
FSC
www.fsc.org   **FSC® C106847**

© Verlag Herder GmbH, Freiburg im Breisgau 2012
Alle Rechte vorbehalten
www.herder.de

Umschlaggestaltung und Schmuckvignetten: Nina Chen
Satz: Layoutsatz Kendlinger Mediendesign
Herstellung: fgb · freiburger graphische betriebe
www.fgb.de

Printed in Germany

ISBN 978-3-451-30597-9